JN410570

텃밭을 건너온 말씀

박성규 시집

시인동네 시인선 110

박성규 시집

텃밭을 건너온 말씀

시인동네

시인의 말

태풍이 지나간 후
쑥대밭이다

넘어지고 부러지고 뽑히고
바라보기 안쓰럽다

그래도 마지막까지
꽃을 피우며 열매를 맺자는
저들끼리 속삭이는 말을 듣자니
발걸음조차 떼기 버겁다

삶의 끈을 붙잡고
희망을 키우는 것들을 위해
다시
희망을 가지고

2019년 여름
박성규

차례

제2부

제3부

제1부

새벽이슬

하늘로 들어가는 입구는
새벽이슬 속에 숨어 있다

깨끗하지 않으면
들어가지 못한다
아침은 하루를 시작하기도 전에
입구를 파괴해버린다

더러는 영롱하다고도 하고
더러는 고운 구슬이라고도 하지만

꼭꼭 숨겨놓고 있는
하늘로 올라가는 입구

유월 국회

개구리들이 무논에서 청문회를 한다
떼거리로 떠들어댄다

뭔 질문이 그리 많은지
뭔 대답이 그리 많은지
자료 수집하는 낮 동안에는 조용하더니만
밤만 되면 청문회다

더러는 끝까지 입 다물고 있는 무리도 있지만
차수가 변경되어도 계속되는
저들의 청문회

소나기라도 한 줄금 내리면
휴정에 들어갈까?

중도(中道)

넝쿨이 내게
말을 건네 왔다

삶이란 것은
모자라지도 않고
넘치지 말고 살아야 한다고

가뭄이 들면
가뭄이라고 낙과시키고
장마 때면
분에 넘친다고 낙과시키며
매사 살아가는 것은
적당해야 된다고
넝쿨이 또 말을 건넨다

낙과 없이 육남매 키워주신 넝쿨이
또 한 말씀 건네 왔다

허공에 이름을 새기며

쪽박만 없다 뿐이지
백수란 칭호를 받고부터는
걸인 행세를 했다

봄부터 푸성귀 키워
겸손한 밥상을 차리지만
입에 풀칠만 하면 되는 거라고
욕심을 버리려 했다

주어진 삶이라고 해봐야
흘러가는 시간 속에서
지천에 널린 공기를
온전하게 마시는 것

늘 거기가 거기라
오늘도 허공에 이름을 새기며
소리를 질렀다

자연에게 얻어먹고 사는 내가
진짜 거지

들말의 별

들말* 하늘에 반짝이는 별들을
검은 보자기로 꽁꽁 싸매었더니
서로 빠져나오려고
발광을 하네

발광(發光)이 뭔지
알긴 아나보다
저리도 빛을 내려고 하는 것을 보면

---

*들말: 경주시 평동에 있는 수북마을의 들판 이름.

시(詩)

십수 권의 시집이
책상을 점령했다

단숨에 읽을 거라고
큰맘 먹고 밤을 새웠는데
겨우 몇 장 읽었을 뿐

詩는
벼락치기로 읽는 것이 아니다
사색의 창문을 통해
몰래 비밀스럽게 훔쳐보아야 하는 것

죽는 날까지
밤을 지새우며 음미할 시
온몸으로 쓰고 싶다

늘어난 식솔

재작년 초가을 식솔이 늘었다
창문틀에 올라앉아 실내를 훔쳐보며
눈싸움했었던 길고양이가 식솔이 되었다
권투선수가 한 손으로만 경기를 한다면
제대로 이길 수 없듯이
왼쪽 앞발 한 마디가 없어
어디 가서도 매양 얻어터질 것 같고
절뚝절뚝 절며 다니는 것이 안쓰러워
몇 끼 끼니를 챙겨 줬더니
아예 드러누워서 나가질 않는다
그런 녀석이 어떤 놈과 눈 맞았는지
3남 2녀의 자식까지 놓고는
아예 현관 출입구에 진을 쳐버렸다
이 집을 차지할 심보는 아니겠다 싶어
육아에 몰두하라고 내버려뒀는데
뱀 세 마리를 잡아 주고
두더지도 한 마리 잡아 주고
다른 고양이들은 얼씬도 못하게 한다

풀이라도 뽑으려고 텃밭에 앉아 있으면
저 딴에 밥값을 하려는지
새끼나 어미나 쪼르르 몰려와서는
대가리 들이대며 애교를 부린다
주변 사람들이 내 안부보다는
저것들 안부부터 묻는 것 보면
이젠 분명 내 식솔이다

어느 날

집이 너저분하기에
아내에게 집안정리를 부탁했더니
딸아이까지 치워버렸다

집도 널찍해졌다

운명

밤마다 고추를 가지고 논다
몇 달째 계속이다

고추를 가지고 놀 땐
아내도 자리를 비켜주었다

이런 나를 보고
혼자서도 잘 논다고 했다

종종 눈물 흘리기도 하지만
인생이 다 그런 거라고 했다

큰 손

텃밭에서 일을 하는데
무리하게 농사를 짓지 말란다

가꾸고 싶은 것이 많다 보니
땅뙈기가 턱없이 부족하다

입 대는 사람들한테
손바닥만 한 땅뙈기라고 우겼더니
예쁘장한 내 손 방긋이 웃었다

내 손 크기
크긴
큰가보다

그리운 자야*

시 한 줄이 천억보다 낫다는 말에

여기저기서 날더러 부자라고 놀려댔다

시집을 열 권이나 내었으니

전부 몇 줄이나 되냐고 묻지를 않나

그 많은 줄 수를 금액으로 환산하면

계산조차도 버거운 숫자일 텐데

그럴 때마다 배가 고프다

시가 아직은 나에게

밥을 먹여주질 않았으니

---

*자야: 백석의 애인 김영한.

만 평 노을

뙤약볕을 피하다 보면
저녁이란 놈이 노을을 데리고
스멀스멀 기어오지

오면서 그냥 오질 않고
꼭 붉은 망토를 덮어씌워서 오지

그 광경 아름답다고
넋 놓고 바라보고 있으면
어둠이란 놈이 금방 데려가 버리지

하다못해
만 평이라도 내 하늘이 있었으면
어둠이란 놈이 데려가진 않을 텐데
어디 가서 노을 만 평을 구하랴
급매물로 내놓은 것이라도 있을까

만 평 정도는 그리 큰 욕심은 아닐 거다만

이미 다 팔렸다면 어쩔 수 없는 일

서쪽에 산이 있어
늘 손해보고 사는 것 같네

게으른 나팔꽃

여름 끄트머리에
나팔꽃 한 포기가 싹을 틔웠다
머지않아 가을이 오고
이내 서리가 내릴 터인데
이제야 싹틔운 저 나팔꽃
목청껏 나팔을 불 수 있으려나

새 동네로 자리 잡으면서
동네 어귀 담 너머로 고개 내민 씨앗을
몰래 따다 뿌렸어도
느지막이 싹틔운 심보는
알다 모를 일

서리 내리기 전에
아침이슬 머금은 나팔 하나
살림살이로 장만할 수 있다면
더 없이 좋으련만

몹쓸 파리

하얀 것은 종이고
검은 것은 글씨인가

노안이 오고 난시여서 그런지
책 읽을 때마다 글씨가 꼬물거렸다

오늘도 그랬다,
활자 크기가 작다고 구시렁대다가
꼬물거리는 글씨들 때문에
짜증을 내며 덮고 말았는데

책은 계속 읽어야 하기에
덮었던 쪽을 다시 펼치니
파리 시체가 글씨를 덮고 있었다

꼬물거렸던 것이
파리였던가!

전입신고

塔이 되었고
臺가 되었고
井이 되었고
林이 되었고
城이 되었고
川이 되었고
池가 되었고
陵이 되었던

그곳에 별이 떨어졌다
별은 역사 속에 숨어서
제 모습 드러내지 않았으나
그곳에 나를 데려다 주었다

塔이 되어야 했고
臺가 되어야 했고
井이 되어야 했고
林이 되어야 했고

城이 되어야 했고
川이 되어야 했고
池가 되어야 했고
陵이 되어야 했던

그곳에 숨었던 별이 꿈틀거렸다

장부에 올린 이름
별이었다

복주머니 난

보현산 천문대 부근 비탈에
복주머니가 걸려 있다 해서
서둘러 찾아 나섰다

얼마나 많은 복이 들어 있기에
사람들마다 찾아 나설까

보물찾기나 행운권 추첨 때도
운이 없었던 나에겐
고난도의 보물찾기 수준
찾았을 땐 이미 빈주머니였다

도둑에게 털린 불전함(佛錢函)처럼
초라하게 걸려 있었다

---

*복주머니 난: 개불알꽃. 난초과 여러해살이풀.

몹쓸 약속

약속을 어겼다
반딧불을 밝힌다고 했는데
여직 밝히지 못했다

반딧불이가 없어서?
반딧불이를 찾지 못해서?

아니다
아직 반딧불이가 되지 못했기 때문이다

삼시세끼 밥은 꼬박꼬박 먹으면서
그런 밥을 먹듯이 내 뱉은 말같이
허투루 질러버린 약속이었다

지키지도 못할,

텃밭을 건너온 말씀

빈 화단으로 두기 아까워
유채 씨를 뿌려
겨울 내내 나물을 해 먹었지만
먹을 시기를 놓친 것들은
씨나 받자고 놔뒀는데

씨방이 생기고부터 찾아오던
되새 몇 마리가
며칠 지나니
제 식구 다 데리고 와
떼거리로 몰려들어 씨방을 쪼아댔다

씨나 받을 것이 있을지 의문이지만
저들도 먹고 살자는데
필요한 만큼만 남겨줄 거라 믿으며
실컷 먹으라고 내버려둬 버렸다

가진 것 나누어주는 것이 보시가 아니라

보시는 필요한 만큼만 취하는 것

되새가 남겨둔 씨앗을 털어 보니
생각보단 양이 많아
되새는 떠나버렸지만 고마웠다

탈모

기승부릴 더위도 얼마 남지 않았는데
저리도 시름을 앓는 것은
분명 역병이렷다!

역병이 돌면
남아나는 게 없다 했는데
군데군데 시들다가도
어느 날 깡그리 번질 것은 뻔한 일

그럴 적엔 매사가 꽝이다
시작이 반이 아니라
시작이 원수로 돌변하고 만다
운명이라고 푸념을 해도 탓할 수 없다
잘해야 본전이란 말도 소용없다

내 머리숱처럼
고추밭이 그랬다

월급쟁이

월급쟁이를 그만두었다
구조조정 때문이었다

억지로 대가리 들이밀고 살기보다
다 때려치우고 낙향해서 사는 것이 좋다고 하여
월급쟁이를 그만두었다

—누런 봉투 속에서 짤랑거렸던 소리가 들려온다
—아내의 잔소리도 들려온다
—밀린 요금 납부 통지서가 우체통에서 고함친다
—무일푼으로 살다가는 제 명에도 못살 것 같다

국민연금 수령하는 날
다시 월급쟁이가 되겠지만

책표지

시집 열 권을 발간하면서
발간할 때마다 점점 세련되었네

시행착오도 겪었으니
좋아지는 것은 당연한 일

저 시집 표지처럼
나도 세련되어지고 싶은데

세련되기는커녕
더 너덜너덜하기만 하네

애간장

봄에는 가뭄 때문에
마음고생이 심했는데
가을이 되니 줄기차게 내리는 비에
몸이 고생이다

억지로 되었는지
저절로 되었는지 모를
갖가지 작물들
서리 내리기 전에 거둬들여야 하는데

주절주절 내리는 비에
아무것도 하지 못하고
담배만 피워 물고 있으니
콧구멍인들 온전하랴

자업자득이라 해야 하나
애간장 타는 이 한 해
또 그렇게 지나가겠지

농활

올해도 풍년 들겠다

장마라고 경로당에 모인 촌로들
들일을 못해서
강냉이랑 감자 삶아 먹으며
들판만 바라볼 텐데

다리 둥둥 걷어 부치고
논에 들어가 김을 매주는 왜가리들 덕택에

올해
농사 걱정은 안 해도 되겠다

제2부

참회론

생활 쓰레기는
매립지에 묻거나
소각장에서 소각하지만

인간쓰레기인 나는
어찌 처리될까?

요석공주

소나기를 맞았다

옷이 젖었다

젖은 옷 말려야 하는데
벗고 나면 알몸
훔쳐보면 어떡하나

옷 말리러 불어오는 바람
요석공주일까?

금오산* 안개

추수 끝난 들판에
여명이 개를 몰고 왔다
짖는 소리도 없이
조용히 다가왔다
크기가 어마어마했다
발이 몇 개인지 모르도록
뿌연 연막까지 터뜨리며 왔다
후치고 싶어도 손쓸 방도가 없었다
한동안 시름하는 중에
햇살이 나타나서야 물러났다
무지막지한 개
종종 올 것 같았다

---

*금오산: 경주 남산.

사모곡

올해도 호박씨를 깠다
너무 말라서 잘 까지지 않아
물에 다시 불려서
꾸덕꾸덕해지기를 기다렸다가 깠다

문을 꼭꼭 걸어 잠그고
긴긴 겨울을 견뎌내어
봄이 되면 발아하겠지만

그러기까지
제 소임을 다하는 껍질
정말 위대했다

호박씨를 까다 보니
다른 씨앗들도 위대하다는 것을
새삼 깨달았다

내게도 껍질이 있었다

그 껍질 속에서 열 달을 견뎠다가
발아가 되어 세상에 나왔다

손님

귀뚜라미가 집 안에 들어와
풀쩍풀쩍 뛰어다녀요
고삐 풀린 망아지같이
놀라서 움찔했더니 이내 숨어버려요

어른들이 그랬어요
귀뚜라미는 건드리지 말라고
밥 먹을 때 건드리면
밥그릇 국그릇에도 마구 뛰어든다고

내심 괘씸했지요
파리채로 한 대 때려주고 싶었어요
가을밤에 울라고 태어났지 싶은데
울기는커녕 온 집 안을 쏘다녀요

나도 어릴 적엔 귀뚜라미처럼
그랬을지도 몰라요
잠이 들어야 되돌아갈까요

무엇이 남았을까

상강 지나니
허드렛일이 늘어난다
서리가 오는 것은
기약조차 하지 못하는 일

한 해를 풍미했던 살가운 저것들
서리가 내리면 생을 마감하겠지만
늦기 전에 서둘러
끼니거리를 챙겨야 한다

서리란 것은
매몰차기 그지없는 것
차일피일하다간 남아도는 게 없다

서리 맞은 허연 머리를 보면
남은 생을 위해 정리해야 할 일

무엇이 남았을까

도둑

시골 생활 삼 년이 지나
촌사람이 되어가나 싶었는데
어느새 도둑이 되었다

야금야금 훔친 물건이 한둘이 아니고 보면
어지간히도 간이 크긴 한데
훔쳐서 가져온 것들
제자리에 있을 턱이 없다

오늘도 저녁노을을 훔치다가
소나기한테 혼이 났다
어두워지면 별마저 훔치겠지만
욕심을 비우라 했거늘

훔치고 돌아서면
다른 것 같기도 하면서 같고
같은 것 같기도 하면서 다른 저것들
원래 내 것이었지만

나는 매일 내 것을 훔치고 있다

훔치는 날은 발이 저렸다

옆집 소

농번기가 되어도
들에 나가질 않는구나
달구지 끌 일은
더더욱 하지 않는구나

커다란 눈동자를 굴려가며
우물거리는 입은 여전한데
천하태평이 따로 없구나

"이랴. 워띠로!" 하면
알아듣기는 할까
시끄럽다고 고개를 흔들겠지만

그런 옆집 소
경운기만 보며
꾸벅꾸벅 인사를 한다

저도 양심은 있나 보다

매미

밭을 갈기 위해
삼 년 동안 썩힌 두엄을 내다 뿌렸다
잘 썩었다 싶어 기쁜 마음으로 뿌리는데
굼벵이가 섞여 있지 않는가?

저도 목숨 지닌 미물인데
뙤약볕에 던져놓고 보니 마음이 안쓰럽다
명 길면 살아남고 짧으면 죽을 거라고
팔자소관으로 돌리지만

칠 년 세월 수행하면서 득도하는 날
목청 가다듬고서
기침하듯 내뱉어야 할 소리
삼 년이 넘도록 뱉지 못했다

쪽박 깬
내 탓
같았다

보리의 꿈

한때
노고지리들의 놀이터가 되어주기도 했고
숱한 사람들이 울고 넘을 고개도 만들어주기도 했지만
이제는 청운의 꿈을 저버리고
잊혀져가는 설움의 시대에 몸 부비고 있다만

너른 들판의 푸석거림 씻어주기도 하고
양지바른 곳에서 젖은 몸 말려주기도 하고
손바닥으로 문지르며 마사지도 해주다가
채이*에 올려놓고 호시**도 태워주니
서러운 건가
반가운 건가
꿈을 가지라고 하는 건가
뭔 일로 나를 요로콤 몸 둘 바를 모르게 하는가

맥주가 되든지
단술이 되든지
조청이 되든지 간에

나를 알아주는 사람이 있는 한
희망이라는 단어를 껍질 속에 숨겨놓고
새 세상을 기다리고 있지

---

*채이: [키], 곡식 등을 까부르는 기구를 의미함.
**호시: '무엇을 타거나 어디에 얹혀 기분 좋아하다'의 경상도 사투리.

미끄럼틀

폐교 운동장 귀퉁이
녹슨 미끄럼틀이
학교를 지킨다

아이들이 없으니
바람이 미끄럼 타고
구름이 미끄럼 타고
이슬이 미끄럼 탄다

아이조차 없는 학교
세월 저 혼자서
바람과 구름과 이슬 데리고
미끄럼 탄다

엉덩이에 녹 묻혀가며

해몽

기다림도 없다지만
궁금함도 없다지만

문지방에 걸려 넘어질 때처럼
아픔은 없어도

아침바람 저녁공기처럼
살아 있어서 고맙다

해야
달아
별들아

살아 있어서 고맙다

뫼비우스 띠

주말이면 딸애가 온다
애비 보러 오는 것이 아니고
자기 볼일 보러 오는 길에 들러
애완견을 봐달라고 맡기러 오는 것이다

애완견이지만
때로는 식구들보다 낫다
말 못하는 짐승일지라도
같이 있는 동안에는 심심하지 않다
산책도 나가고
더불어 운동도 하다 보면
하루해도 금방 저물고 만다

가고 나면 다시 적막 속에 파묻히지만
개털 공화국이 된다
그 흔적 지우기까지는 꽤나 시간이 걸린다
오는 것도 반갑지도 않아
그만 왔으면 하고 투덜대다 보면

다시 주말이 온다

뫼비우스 띠다!

멍청이

된서리를 맞았다
성하게 남아 있는 것이 별로 없었다

상강이 지나면
반드시 찾아온다고 했는데
설마 하다가 된서리를 맞았다

꽃피우다 만 가지며
채 여물지 못한 옥수수며
구슬처럼 맺힌 호박들이
푹, 삶기고 말았다

계절에 대비하지 못한 나
바보 멍청이였다

상강(霜降)

새벽공기가 쌉쌀한 아침
산기슭 집에서 연기가 피어올랐다

군불지피는 걸까
쇠죽을 끓이는 것일까

하늘로 퍼져나가는 연기는
아버지의 음성

"야야, 깼으면 밭에 가자"

아랫목을 빠져나왔던 그 시절이
연기 따라 피어올랐다

소꿉놀이

가뭄 때나 우기 때나
늘 진을 치고 있는 저 잡초들
눈만 뜨면 전쟁이다

무기라곤 호미뿐인데
저들과 싸우다 보면
늘 패전당한 기분이다

처음엔 도투라지* 군단을 보내더니
이내 쇠비름 군단을 보내와
봄여름 동안 허우적거리게 만들다가
바랭이 군단까지 투입시키는 저 잡초들

봄에는 훈련이 부족했는지
쉬이 진지를 무너뜨릴 수 있었는데
갈수록 튼튼한 요새를 구축해서
전쟁을 치르자고 한다

>

국지전이거나 전면전이거나

공격의 명수다

---

*도투라지: 명아주의 경상도 사투리.

유년일기

동그라미 안에 갇혀서
옴짝달싹도 못하던 유년을 끄집어내려
동그라미를 칼로 자르고 나니
푸른 초원이 되었다

무지개가 눕고
무지개 위로 실개천이 흐르고
실개천을 밟고 있는 고추잠자리
꽁지에 유년을 매달고서
석양을 향해 날아갔다

꿈나라를 찾아가는 것일까

다시는 동그라미 안에
유년을 가두지 않을 거라 했는데
유년은 어느 틈엔가 동그라미 속에서
일기를 적고 있었다

나이테

세월의 흔적을
나이테라 했는데
날마다 뽑혀 나가는 풀
나이테가 없다

나이를 먹어간다고
아우성치는 나
몸뚱이를 잘라보면
나이테가 나타날까

애당초 나이테가 없는
나
풀이었는지도 몰라

텃밭 수행론(修行論)

하안거 땐 텃밭에서 수행을 하고
동안거 땐 골방에서 수행을 한다

화두는 단 하나
입속에 들어올 것이
얼마나 되느냐이다

가물면 가물어서 수행에 방해되고
며칠 비 와도 수행에 방해되지만
아무리 게으름이 없다 해도
증득(證得)하는 것은 뻔한 일

자전과 공전 덕분으로
하루하루 수행의 시간을 보내지만
해제일이 지나도
게으름은 없어야 되는 법

동안거 때가 편하다 하지만

하안거 때라도 힘든 것이 아닌 내 텃밭의 수행론

고추잠자리

시궁창에서 면벽 수행한 잠자리
득도했다고 모시적삼 걸치고
세상을 제도하러 나왔는데
고양이가 튀어 올라
냅다
낚아채 버렸다

재수 옴 붙었네!
제기랄,

다비(茶毘)

애지중지 신었던 양말에
구멍이 생겼다

쓰레기로 버리기는 마음이 아파
불에 태웠다

동고동락을
몇 년이나 했을까

재로 변해가는 동안
손을 흔들며 작별인사를 했다

마당

마당이 너무 넓다
너무 넓어서 울타리를 치지 못한다
온종일 쏘다녀도
다 돌아볼 수도 없다
봄부터 가을까지는 제 몫을 다하지만
겨울에는 맹탕이다
그냥 두기 뭐해 새라도 키우고 싶은데도
울타리를 치지 못하니
멀뚱멀뚱 바라볼 뿐이다
그사이
기러기 가족이 날아가고
까마귀 수천 마리가 푸드득 내려앉았다가 떠나고
오리 떼도 한가하게 노닐다 갔다
창문으로 내다보는 마당
너무 넓어서
있는 그대로 멀뚱멀뚱 바라볼 뿐이다

제3부

노숙자

도회지에 가면
보이지 않는 별들
우리 동네 하늘에
죄다 모여 있다

덩치 큰 녀석부터
조무래기들까지
골고루 섞여 있는 저 하늘
사이좋게 모여서
한세상 살다 간다

저들의 목소리를 듣다 보면
어느새 아침이 오고
그런 광경 바라보다 잠드는 날은
어김없이
나도 노숙자

부동산 대책

은둔생활을 위해
도회지 근방에 움막을 지었다

조립식 자재를 사용했으니
철거 땐 분리수거가 가능한 것
천정부지 솟구치는 집값
연일 대서특필이다만
내 움막도 덩달아 값이 오를까

도시에 우후죽순으로 솟은 집들
따지고 보면 다 산업폐기물

그 속에서 살다 갈 것을
그런 곳에서 살아야
행복해질까

고추꽃

늘 보았던 고추꽃
오늘따라 엄청 커 보이네

평소
귀엽기도 하고 앙증스럽기도 하여
조그맣다고만 생각했었는데
역병이 돌기 전에
꽃이라고 속 시원히
피우고 싶은 겐가

그리하여 달리는 고추
큼지막한 거라도 매달고 싶은 겐가

장대비가 올 듯한 하늘이
하얗게 질리는 오후
고추꽃이 환하게 웃는다

중생

알람에게서 벗어나고
달력에게서 벗어났다

눈 뜨고 감기를 반복하지만
눈대중으로 계절을 구별하고
피는 꽃으로 계절을 논할 뿐
시간의 경계는 없다

배고프면 밥 찾아 먹고
할 일 없으면 졸음에 취하지만

생각하는 그 무엇만 없으면
해탈의 경지에 다다르겠지만
이미 떠날 준비를 하고 있는지
그 무엇도 속박은 없다

하품 두어 번 했더니
눈물이 찔끔 나왔다

>

아직은 나,
중생인가 보다

삶의 투쟁

놓아라
가지를 움켜쥔 그 손
제발 놓아라

겨울바람 앞에서
당당하게 제 소임 다하려는
손

새순이 돋는구나
네 자리로 돌아가거라
이젠 놓을 때가 되지 않았니?

운명인가
투쟁인가
제 목숨 지키며
시간을 달래기 위함일까

중년일기

송홧가루가 날려 왔다
날려 와서는
장독대며 마당이며
모든 것을 뒤덮어버렸다
오늘밤에 뜰 삼월 보름달도
노랗게 뜨려나?
송홧가루 뒤덮어쓴 내 얼굴
메뚜기 한철보다 짧지만
천지간이 노란 세상
목욕부터 해야지

꿈

결 좋은 바람이었으면 좋겠네
무진장 세게 불어서
소문에는 똥바람이라 한다네

골이 깊어서가 아니라
그냥 길 따라 불어온 듯싶은데
저리도 세차게 불어대면서도
이유는 따지지도 말라네
그냥 숙명인 양 받아들이고 살라네
제 분수껏 부는 바람을 어찌하겠냐만
종종 버티기도 힘겨운 날도 있다네

이젠
결 좋은 바람만 불어왔으면 좋겠네
무작정 불어대지는 않겠지만
바람도 그냥 바람이 아니라는 건
이미 알고 있었네

>

하지만
바람을 피할 수 없음은 정해진 일
결 좋은 바람이 불어오는 날은
야무진 꿈도 꾸고 싶다네

바람의 경지

어떻게 해야 다다를 수 있을까

조상이 누군지 모르는데
홍길동의 후손일지도 모르는데
신출귀몰하다
점쟁이 옆집에 사는 것처럼 용하다
무당집 무녀일까
깨달음을 증득한 아라한 같다

살랑살랑 오다가도
폭풍우로 오기도 하고
와서는 가만 지켜보기만 하다가도
심술궂게 난장판 벌이기도 하는데

한때
바람피웠다는 죄목을 기소하려 찾아오나
밭고랑에 비닐을 덮어보면 안다

빈혈

뜻하지 않게
자유낙하 실험을 했다
준비물도 필요 없었다

그리 높지 않는 곳에 있어도
곤두박질칠 때는
무서웠다

무게중심은
늘 가운데에 있다고 생각했는데
곤두박질칠 때는
머리부터 내리꽂혔다

사흘이나 식음을 전폐했으니
후유증도 심했다

정신 차리니
경칩이 지나가고 있었다

소주

뚜껑을 따고도
마시지 못한 소주
김 빠졌다고 버리지도 못해
홀짝홀짝 마시다 보니
취기가 머리까지 차오르고
자정이 지난 후부터는
공광규 시인의 소주병만 떠오르는데

소주 값을 계산했는지 안 했는지
기억이 나질 않는 오늘

김샜다

거미줄

오늘도 덫에 걸렸다

여기저기에 덫이다

신중하게 움직여야 하는데
한순간 방심하면
어두운 밤이면
더 조심을 해야 하는 집
문 열고 밖으로 나가는데
얼굴을 덮어버리는 덫

덫을 놓아도 시원찮은데
내가 걸릴 줄이야

접시꽃

여인의 향기는 짜릿하다

편지지 속에 접힌 향기
맡아본 지가 언제였던가!

봄이 다 가도록
밋밋했던 핏줄 탱글탱글해졌다

살아 있음으로 얻은 대가일까
아침 햇살조차 따가운 날
그늘을 찾아다니는데

채 마르지 않은 여인
방긋이 웃는다

첫사랑의 흔적
내 바짓가랑이를 적셨다

접시꽃 2

집들이를 끝내고 설거지를 하다가
분홍 접시 하나 깨뜨렸다
사방으로 파편이 튀었다
대충 쓸어 담긴 했으나
얼마나 튕겨 나갔는지는 알 수 없는 일

이듬해 봄
화단 손질하다 보니 낯선 싹이 눈에 띄었다
대수롭지 않게 뽑아내어도 계속 싹이 텄다
포기하다시피 내버려뒀더니
분홍색 접시꽃이 온 마당을 뒤덮었다

잡초 뽑는 일이야 눈뜨면 하는 일인데
돋은 싹 앞에만 가면 손이 오그라들었다

행여 작년에 깨뜨린 접시의 영혼이
꽃으로 피고 싶어 했던 걸까

냉이

신입생 모집도 멀었는데
빈 들판을 기웃거린다
취학 통지서도 보내지 않았는데
벌써부터 기웃거린다

공부는 잘할까
운동 실력은 어떨까

개학 시기 다가오면
가슴에 하얀 손수건 달고
명당이라도 차지하려는 걸까

헛기침에 놀랄 때면
바짝 땅에 엎드려
쥐죽은 듯 눈치만 본다

우주 쇼

땟물 절었던 소년
유성을 따서 밥을 짓는다

유성 딴 자리
자국 지우려는 달
서산 위에 떴다

먼발치의 소녀도
유성을 따서 밥을 지을까

채송화

서리가 내린다는데
꽃을 피웠네

마지막 꽃송이 되려는 모습
마음이 아리네

씨앗 뿌린 지 삼 년 지나니
미안해서 피운 겐가

가을 설거지

콩깍지 깻대궁을 태우려
빈 솥에 물을 붓고 불을 지폈다

쇠죽을 끓이는지 저녁밥을 짓는지
군불을 지피는지 누가 알랴만

가스레인지로 밥 해먹고
보일러로 방을 데우는 지금
아궁이에 불 지핀들 뭔 소용이 있을까만

유년의 기억은 솥 안에서 뽀글뽀글 끓고
그리움이 된 연기는
서산 밑동까지 퍼져 나가고

도반

제피나무 두 그루를 심었다
똑같은 환경에
똑같은 방법으로 심었는데
생존율이 50%였다

이사를 한다는 것
자리를 옮긴다는 것은
사람들도 힘겨워 하는 일이라
제피나무도 그러했으리라

새로운 땅에 터 잡은 나처럼
살아남은 저 나무
같이 살았으면 좋겠다

같은 번지에서 살아갈
도반이 되어서

하얀 나팔꽃

몇 해 전
동네어귀 담장 너머로 꽃씨 몇 개
슬쩍 따다가 뿌렸더니
두 해 만에 싹이 터서 꽃을 피웠을 땐
남보라색이었는데
올해는 하얀 꽃이 피었다

락스로 씻어 준 것도 아닌데
퇴색된 것도 아닌데
하얗게 핀 꽃을 보더니
메꽃도 신기한 듯 울타리를 넘어왔다

하얀 마음을 가지라는 계시일까
슬쩍 따온 마음이 부끄러웠다

빨간 우체통

빨간색 우체통을 달았다
우체통이 있으니
눈 소식 가득 담은 편지라도 올려나

삼남의 눈은
황동규 시인이 쓸어 가버린 후
쌓이기는커녕
흩날리는 기회도 드물다

누가 내게 편지를 보내주랴
몇 달이 지나도
우체통에 꽂히는 것은 고지서뿐

오늘도 우체통 앞에서
첫눈 소식 기다리다
지는 해 두고 들어오지만
아무런 소식 없는
저 우체통

발아(發芽)

땅이 떠억 갈라지더니
노란 용암이 방글방글 솟구치네!

오늘도 지진이 발생했네!
노란 용암이 생글생글 솟구치네!

봄이었네!

오후 5시의 가을

일 마칠 시간이다
남들은 주 52시간 근무라지만
근무가 없는데도 마쳐야 한다

더 한다 해도 임금이 없다
임금 생각하며 일할 처지도 아니니다

지금은 오후 5시
아침 이슬이 마를 무렵부터
온종일 퍼질러놓은 것들
주섬주섬 챙기기 시작하면
해는 금방 산 넘어 가버린다

땅거미가 해를 잡아먹기 때문에
다시 이슬이 내릴 터
시월 중순의 하루 여덟 시간
오후 5시의 가을
겨우 버티며 일한다

양수겸장

겨울 초입
화분을 실내로 들이는데
꽃망울 맺은 게발선인장이 눈에 띄었다

꽃을 볼 때는 좋았지만
꽃이 지고 나니 허무했다

봄이 올 때까지 겨울잠을 재워야 하나 싶었는데
까마중 한 포기 선인장 틈에 싹을 틔웠다

주객이 바뀌었다
하얀 꽃을 피우고 열매도 맺었다
까마중 바라보기도 괜찮았다
습도계가 되었다

겨울 내내 게발선인장에겐 미안했는지
제 고향이 그리워서 그랬는지
창밖만 바라보며 겨울을 보내고 있었다

틈

갈라진 콘크리트 틈에
제비꽃 한 포기
꽃을 피웠다

봄 마중 나왔나
제비를 기다리나

몇 며칠 보랏빛 등불을 켜고
하늘만 하염없이 바라보더니
상처투성이 몰골로 등불을 내려놓고는
끝에 일어나지 못했다

제비꽃이 머문 자리
생과 사의 앙금이었다

발문

텃밭의 시학, 혹은 한 구도자(求道者)의 비망록

김성춘(시인)

#

박성규 시인을 내가 처음 만났던 날이 2017년 가을이었던가. 토함산 자락, '동리목월문학관'이었던 걸로 기억이 된다. 내가 좋아하는 대구의 공영구 시인한테서 〈일일문학회〉 문인들과 함께 '동리목월문학관'을 답사하는 길에 '동리 목월' 선생 얘기나 좀 듣고 싶다는 연락을 받고 난 후였을 것이다. 박성규 시인은 대구 〈일일문학회〉의 멤버로 경주에서 시를 쓰고 있다는 소개를 받았다. 그날 내가 만나본 박 시인은 이미 양산에서 나오는 시 전문 계간지 《주변인과 詩》를 통해 오랫동안 왕성한 시작 활동을 해왔고, 2003년 등단 후 10권의 시집을 낸, 개성 있는 시인이었다. 그 후 나는 그가 최근에 운명적인 만남(?)을 하며 사랑의 텃밭을 일구며 살고 있는 경주

통일전 부근의 남산 자락, '들말'에서 진짜 목수로 착각할 정도로 집짓는 공구들이 가득한 박 시인의 집과 텃밭 구경도 했다.

하안거 땐 텃밭에서 수행을 하고
동안거 땐 골방에서 수행을 한다

화두는 단 하나
입속에 들어올 것이
얼마나 되느냐이다

가물면 가물어서 수행에 방해되고
며칠 비 와도 수행에 방해되지만
아무리 게으름이 없다 해도
증득(證得)하는 것은 뻔한 일

자전과 공전 덕분으로
하루하루 수행의 시간을 보내지만
해제일이 지나도
게으름은 없어야 되는 법

동안거 때가 편하다 하지만

하안거 때라도 힘든 것이 아닌
내 텃밭의 수행론

—「텃밭 수행론」 전문

#

박성규 시인의 11번째 시집, 『텃밭을 건너온 말씀』 원고를 읽으며 내가 놀란 점은 박 시인은 머리만 안 깎고, 절 생활만 안 할 뿐이지 이미 '준 스님'(?) 수준의, 재가 불제자의 삶을 살고 있다는 것이다. 그의 인생관과 시관은 불교 철학적인 생활에 깊은 뿌리를 두고 부처님 사상에 심취되어 있다. '들말' 시골 텃밭에 날마다 출퇴근하다시피 하며 사는 그의 텃밭 체험은 사소하지만 그 사소함이 오히려 독특한 개성이 되어 잘 여문 알갱이처럼 시에 녹아 있다.

쪽박만 없다 뿐이지
백수란 칭호를 받고부터는
걸인 행세를 했다

봄부터 푸성귀 키워
겸손한 밥상을 차리지만
입에 풀칠만 하면 되는 거라고
욕심을 버리려 했다

주어진 삶이라고 해봐야
흘러가는 시간 속에서
지천에 널린 공기를
온전하게 마시는 것

늘 거기가 거기라
오늘도 허공에 이름을 새기며
소리를 질렀다

자연에게 얻어먹고 사는 내가
진짜 거지

—「허공에 이름을 새기며」 전문

"늘 거기서 거기라/오늘 허공에 이름을 새기며/소리를 질렀다//자연에게 얻어먹고 사는 내가/진짜 거지!"라니. 그렇다. 삶은 늘 거기서 거기다. 이러한 시인의 철저한 자기성찰에서 오는 울림이야말로 박성규 시인만의 진짜 육성이다.

#

한 편의 서정시에는 시인의 체험과 깨달음은 물론, 시적 대상을 향한 끝없는 정진과 그리움이 압축되어 있다. 독자들은 이러한 시인의 독특한 경험들을 통하여 삶을 반성적으로 성

찰해 보기도 하고 새로운 간접경험을 하기도 한다. 따라서 서정시는 시인과 독자 사이의 경험적 소통을 전제로 하는 특수한 담화 양식이다.

또한 시인은 시를 쓰는 사람이라기보다 시를 찾는 사람이다. 시인은 언제나 암중모색한다. 이 암중모색은 시인이기를 그만 둘 때까지 되풀이된다. 그러므로 시는 본질적으로 끝까지 도전하는 영역, 새로운 시작의 영역이라고 할 수 있다.

박성규 시인은 청소년 시절부터 경주의 고등학교 '불교 학생회' 멤버로 일찍부터 활동을 하면서 부처님 공부를 열심히 했다고 한다. 이번 시집을 읽는 사람들은 벌써 눈치를 쉬이 챘으리라. 욕심 없이 맑고 소박하게 부처님의 가르침에 따라 날마다 텃밭으로 출퇴근하는 시인의 수행자적 삶과 시 정신을…….

불교의 이상적인 가치인 '중도(中道)'를 노래한 '넝쿨 이야기'라든지, 제피나무 두 그루를 심고 살아남은 한 그루 나무에 애정의 눈빛을 보내며, '도반'으로 함께 살고 싶다는 시 「도반」 등등, 곳곳에 불교의 핵심 철학인 '무상과 무아의 시편'들과 불교 분위기가 드러나는 '어휘群'들을 시 속에서 만날 수 있다. 수행론, 동안거, 해제일, 중도(中道), 중생, 하안거, 증도(證道), 아라한, 도반, 참회론 등등이 그것이다.

넝쿨이 내게

말을 건네 왔다

삶이란 것은
모자라지도 않고
넘치지 말고 살아야 한다고

가뭄이 들면
가뭄이라고 낙과시키고
장마 때면
분에 넘친다고 낙과시키며
매사 살아가는 것은
적당해야 된다고
넝쿨이 또 말을 건넨다

낙과 없이 육남매 키워주신 넝쿨이
또 한 말씀 건네 왔다

—「중도(中道)」 전문

얼핏, 부처님의 말씀 중 '소나의 거문고'라는 유명한 이야기가 연상되는 이 시는 거문고 줄이 가장 좋은 소리를 낼 때는 너무 팽팽하지도 않고 너무 느슨하지도 않은 적당한 줄의 긴장이 있을 때 가장 아름다운 거문고 소리가 난다는 불교의 이상적인 '중도' 철학 얘기를 담고 있다.

제피나무 두 그루를 심었다
똑같은 환경에
똑같은 방법으로 심었는데
생존율이 50%였다

이사를 한다는 것
자리를 옮긴다는 것은
사람들도 힘겨워 하는 일이라
제피나무도 그러했으리라

새로운 땅에 터 잡은 나처럼
살아남은 저 나무
같이 살았으면 좋겠다

같은 번지에서 살아갈
도반이 되어서

—「도반」 전문

어떻게 보면 시란 비루하기도 하고 덧없는 세상 존재들에 대한 끝없는 연민의 눈빛이나 어떤 위안인지도 모른다. "애당초 나이테가 없는 나/풀이었는지도 몰라”(「나이테」), “한 다리가 없는 불쌍한 길고양이에게 연민의 눈빛을 보내는”(「늘어나는 식솔」) 등의 진술은 이 세상에 존재하는 것에 대한 슬픔이나 기쁨이 없으면 느낄 수 없는 섬세한 감성을 소유한 박성규 시인만이 갖는 깨달음이다.

세월의 흔적을
나이테라 했는데
날마다 뽑혀 나가는 풀
나이테가 없다

나이를 먹어간다고
아우성치는 나
몸뚱이를 잘라보면
나이테가 나타날까

애당초 나이테가 없는
나
풀이었는지도 몰라

—「나이테」 전문

생활 쓰레기는

매립지에 묻거나
소각장에서 소각하지만

인간쓰레기인 나는
어찌 처리될까?

—「참회론」 전문

도회지에 가면
보이지 않는 별들
우리 동네 하늘에
죄다 모여 있다

덩치 큰 녀석부터
조무래기들까지
골고루 섞여 있는 저 하늘
사이좋게 모여서
한세상 살다 간다

저들의 목소리를 듣다 보면
어느새 아침이 오고
그런 광경 바라보다 잠드는 날은
어김없이 나도 노숙자

—「노숙자」 전문

#

하늘로 들어가는 입구가 새벽이슬 속에 숨어 있다니! "깨끗하지 않으면/들어가지 못"하는 좁은 문을 발견한 시 「새벽이슬」은, 이번 시집에서 가장 아름다운 한 편의 시로 큰 울림을 준다.

하늘로 들어가는 입구는
새벽이슬 속에 숨어 있다

깨끗하지 않으면
들어가지 못한다
아침은 하루를 시작하기도 전에
입구를 파괴해버린다

더러는 영롱하다고도 하고
더러는 고운 구슬이라고도 하지만

꼭꼭 숨겨놓고 있는
하늘로 올라가는 입구

—「새벽이슬」 전문

#

시인 릴케는 “내가 이 세상에 남기고 가는 유일한 것은 벗들의 마음속에 사라질 듯 남아 있을 ‘내 생전의 모습’일 것이다”라고 그의 여자 친구 사로메에게 적어 보낸 일이 있다. 그렇다. 우리는 모두 떠날 때 저마다 조그마한, 혹은 커다란 ‘심정(心情) 공간(空間)’을 남긴다.

박성규 시인도 ‘들말’의 텃밭이라는 운명적인 하나의 사랑스런 ‘심정(心情) 공간(空間)’을 『텃밭을 건너온 말씀』이라는 시집으로 우리 앞에 섰다. 그는 이제 독특한 텃밭 시인으로써 우리 곁에 오래 오래 남아 잔잔한 그의 미소처럼, 깊은 울림을 주는 시인으로 거듭 태어나길 바란다.

새봄이 오면 하루 여덟 시간 이상 텃밭을 가꾸며 시를 쓰는 박성규 시인의 시에게도, 들말의 햇볕에게도, 바람이 불고, 새가 울고, 불타는 노을이 찾아올 것이다. 그날을 위해 고뇌에 찬 그의 11번째 시집에 진심으로 축배를 보낸다.

시월 중순 하루 여덟 시간
오후 5시의 가을
버티며 일한다

—「오후 5시의 가을」 부분

이 도서의 국립중앙도서관 출판시도서목록(CIP)은 서지정보유통지원시스템 홈페이지(http://seoji.nl.go.kr)와 국가자료공동목록시스템(http://www.nl.go.kr/kolisnet)에서 이용하실 수 있습니다.(CIP제어번호: CIP2019030924)

시인동네 시인선 110
텃밭을 건너온 말씀

초판 1쇄 발행 2019년 8월 20일
초판 2쇄 발행 2019년 9월 16일
지은이 박성규
펴낸이 고영
책임편집 서윤후
디자인 헤이존
펴낸곳 문학의전당
출판등록 제2017-000002호
주소 서울시 마포구 마포대로 11길 91, 3층
전화 02-852-1977 팩스 02-852-1978
전자우편 sbpoem@naver.com

ISBN 979-11-5896-430-6 03810

* 이 시집은 2019 경상북도 지역문화예술육성지원사업의 보조금을 지원받아 제작되었습니다.

시인동네 시인선 110

박성규 시집

텃밭을 건너온 말씀

시인동네

텃밭을 건너온 말씀

박성규 시집